Este libro está dedicado a mis hijos - Mikey, Kobe, y Jojo.

Copyright © 2021 Grow Grit Press LLC. Todos los derechos reservados. Ninguna parte de este libro puede ser reproducida en ninguna forma sin el permiso por escrito de la editorial. Por favor, envíe solicitudes de pedido al por mayor a info@ninjalifehacks.tv 978-1-63731-494-4 Impreso y encuadernado en los Estados Unidos. NinjaLifeHacks.tv

La Ninja Nerviosa

Por Mary Nhin

- Alimentos saludables
- Dibujar o escribir
- Hacer deporte
- Charla positiva del uno mismo
- Reposo
- Visualización
- Respiración
- Apretar las bolas de estrés

Era el recreo del primer día de clase. Y yo estaba preocupada. ¡Todo estaba bien hasta ahora, pero esto me hizo pensar que pronto algo saldría mal!

El día anterior, ayer, no pude encontrar mis zapatos.
Busqué por todas partes y me molesté mucho.

Mi mamá escuchó el alboroto y vino a preguntar qué me pasaba. Cuando le dije que no podía encontrar mis zapatos, se disculpó mucho. ¡Ella se había llevado los zapatos para conseguir un nuevo par! ¡Ella sabía que me gustaba ese estilo, pero mis pies habían crecido!

Luego, más tarde, empecé a preocuparme por mi nuevo maestro y mis compañeros de clase. ¿Quiénes serían? ¿Les gustaría ser mis amigos? ¿Qué nuevas reglas habría en la escuela?

¡Me preocupé por ello durante toda la cena, mientras me duchaba y cuando estaba en la cama, tratando de dormir!

CONOS CALMANTES

El Ninja Cariñoso tomó una respiración profunda y la mantuvo durante un segundo o dos, luego la liberó lentamente.
—¡Así! ¡Juntos ahora! —dijo el Ninja Cariñoso.

Respiramos juntos varias veces.

Me siento más tranquila. Gracias.

Al día siguiente, estábamos en la clase de gimnasia. Me había acostado a dormir temprano y dormí bien. Estaba refrescada y lista para dar lo mejor de mí. El entrenador realmente era grande y aterrador. Tomé cinco respiraciones profundas y dije tímidamente...

Buenos días, entrenador.

El entrenador me guiñó y me hizo sentir un poco más valiente.

—¡Puedo hacer deporte y me sentiré orgullosa! —me dije a mí misma.

¡Pero parecía que el entrenador tenía muy buenos oídos! —Me alegra oírlo —dijo sonriéndome.

¡El recordar construir un cono de helado calmante podría ser tu arma secreta para mantener la calma!

CONOS CALMANTES

- Respiración
- Alimentos saludables
- Charla positiva de uno mismo
- Visualización
- Compartir con animales
- Escuchar música
- Reposo
- Salir afuera
- Dibujar o escribir
- Ejercicio
- Hacer deporte
- Hablar de ello
- Yoga
- Apretar las bolas de estrés

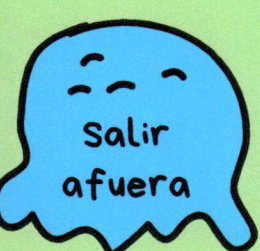

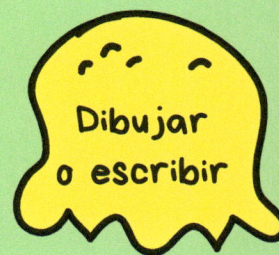

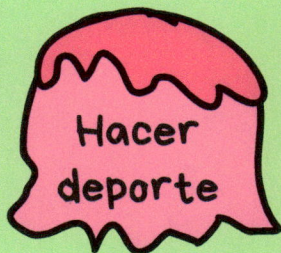

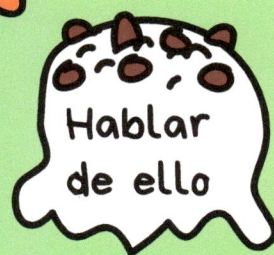

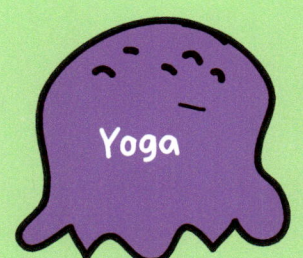

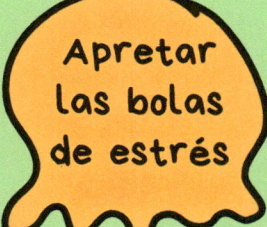

www.ingramcontent.com/pod-product-compliance
Lightning Source LLC
Chambersburg PA
CBHW041104070526
44583CB00002B/58